문제 발견과 해결 프로젝트

창업가정신

워크북

문미경 · 남수현 · 오일환

입문편

씨마스

청소년 창업가정신(Entrepreneurship)이란
실패를 두려워하지 않는 혁신적이고 창의적인
사고를 바탕으로 빠르게 변화하는 사회 환경에
능동적으로 대처하여 새로운 가치를 창출하려는
태도나 행동 양식입니다.

청소년 창업가정신 핵심 역량

1 가치창출 역량

미래의 변화에서 새로운 기회를 적극적으로 탐색하고, 해결하고자 하는 문제에 대해 관심을 갖고 관련 지식을 탐구하며, 창의적인 방식으로 가치 있는 대안을 창출할 수 있다.

2 도전 역량

새로운 기회의 가치와 위험을 합리적으로 고려하고 관리할 수 있는 지식과 기술을 추구하고, 기회의 실현을 위해 적극적으로 도전할 수 있다.

3 자기주도 역량

새로운 가치 창출을 위해 목표를 설정하고, 자기 스스로 계획을 세우고 통제하여 목표 달성을 위해 지속적으로 노력할 수 있다.

4 집단창의 역량

공동 목표 달성을 위해 유연한 사고로 다른 사람들과 소통하고, 타인의 지지와 도움을 끌어내며, 다양한 자원을 연계하여 집단의 능력을 극대화할 수 있다.

어린 나이에 창업가정신을 실천한 사람들

19세에 100만 다운로드 앱 회사를 만들다

 # 창업 스토리 고등학교 1학년 때 사회 공헌 아이디어 공모전에 참여하기 위해 친구 다섯 명과 팀을 결성하였습니다. 팀의 프로젝트를 '10대와 관련된 사회 문제를 소프트웨어로 해결해 보는 것'으로 정하였습니다. 또래 친구들의 무분별한 욕설 사용을 해결할 방법을 고민하다가 바른말키패드 앱을 만들었습니다. 이를 바탕으로 플레이키보드라는 앱을 출시하게 되었고, 이 앱은 전 세계 100만 명이 사용하며 10대들의 큰 사랑을 받는 서비스가 되었습니다.

 # 주요 제품
플레이키보드 앱

- **이름** 안서형
- **설립 회사** ㈜비트바이트
- **창업한 나이** 19세

벌꿀 레모네이드로 100억 매출 CEO가 되다

 # 창업 스토리 증손녀 미카일라에게 벌에 쏘인 나쁜 기억을 없애주고 싶었던 할머니 헬렌은 평범한 설탕 대신 꿀을 더한 달콤한 레모네이드 레시피를 증손녀에게 전수해 주었습니다. 레모네이드의 맛을 본 미카일라는 꿀벌에 대한 공포를 잊고 꿀의 매력에 빠져들게 되었습니다. 그녀는 레몬과 꿀을 활용하여 100% 천연 재료로 만든 건강한 레모네이드 제품을 만들어 자신이 사는 동네의 식당과 마트에 납품하기 시작하였습니다. 이후, 13살이 된 미카일라는 미국 전역의 500개 이상의 매장에 진출하는 큰 성과를 이루었습니다.

 # 주요 제품
비 스위트 레모네이드

- **이름** 미카일라 울머
- **설립 회사** 미앤드더비즈 레모네이드
- **창업한 나이** 11세

디자인씽킹 프로세스

이 워크북은 디자인씽킹 프로세스에 따라 활동 02~04를 구성하였으며,
활동 01은 프로젝트를 위한 팀 빌딩(Team building) 활동으로
활동 06은 프로젝트를 성찰하는 활동으로 구성하였습니다.

UNDER-STANDING
사용자 중심의
관찰, 공감

공감하기
Empathize
이해하고 공감하기
상황을 관찰하고 문제점을 정의하는 과정

정의하기
Define
문제를 정의하기
문제를 인식하고 공유하여 문제점을 정의하는 과정

CREATE
발산과 수렴을 통한
통합적 사고

아이디어내기
Ideate
아이디어 확장하기
아이디어를 자유롭게 발산하는 과정

프로토타입 제작하기
Prototype
아이디어 구현하기
아이디어를 시각화·구체화하는 과정

CREATE
구현하기

테스트하기
Test
아이디어 실행하기
피드백을 통해 아이디어를 개선하여 실행하는 과정

활동 순서

활동별 수업 흐름

각 활동은 도입 ▶ STEP 1 ▶ STEP 2 ▶ STEP 3 순으로 전개됩니다.
학생이 자기 주도적으로 활동하도록 활동 미션을 제시하였고,
STEP마다 시간을 배분하여 수업을 계획적으로 운영할 수 있습니다.

활동 시작 전

준비

활동 미션, 개요와 시간 배분을 확인합니다.

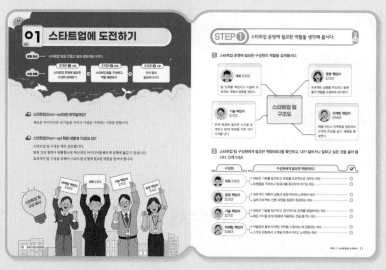

도입

도입에서는 스타트업의 의미, 생활 속 문제 사례, 아이디어 발상법, 프로토타입의 의미, 아이디어 모으는 방법, 엘리베이터 피치 등 각 활동의 주요 개념이나 방법을 알아봅니다.

STEP 1

전개

STEP 1에서는 활동에 따라 스타트업 구성원의 역할과 역량 이해, 생활 속에서 문제 발견, 문제 해결 아이디어 구상, 프로토타입 제작, 프로토타입에 대한 아이디어 토의, 기획안 발표 자료 제작 등을 수행합니다.

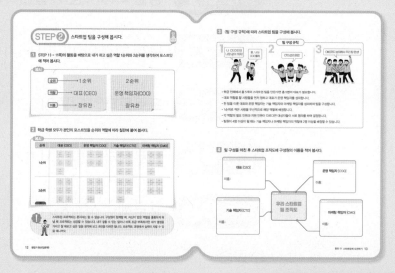

STEP 2

발전

STEP 2에서는 활동에 따라 스타트업 팀 구성, 고객 정의, 문제 해결 아이디어 모으기, 문제와 해결 방법 카드 뉴스 제작, 프로토타입 아이디어 공유, 기획안 발표 등을 수행합니다.

STEP 3

마무리

STEP 3에서는 활동에 따라 팀의 결속력 다지기, 문제 정의, 문제 해결 아이디어 선정, 프로토타입과 기대 효과 카드 뉴스 제작, 최종 기획안 제작, 프로젝트 성찰 등을 수행합니다.

창업가정신 역량 함양에 도움이 되는 읽기 자료, 문제 해결 사례, 아이디어 발상 기법, 디지털 도구 활용법 등 프로젝트 수행 과정에 도움이 되는 다양한 보충 자료를 수록하였습니다.

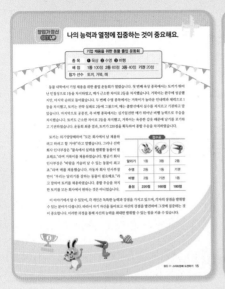

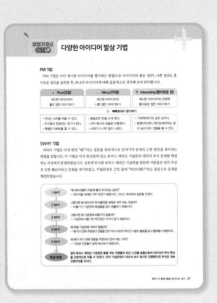

부록 《창업가정신 핵심 역량 진단 검사》 활용 가이드

창업가정신 핵심 역량은 창업가로서 업무를 수행할 때 필요한 태도와 지식, 기술을 말하며 개인의 역량은 노력과 경험에 따라 계속 변화할 수 있습니다. 본격적인 프로젝트 활동에 들어가기 전 창업가정신 핵심 역량을 검사를 통해 확인하고, 활동을 마친 후 다시 검사하고 결과를 확인하여 창업가 정신 핵심 역량이 얼마나 향상되었는지 학생 스스로 확인할 수 있습니다.

① 온라인 정식 검사
YEEP(온라인 창업체험교육 플랫폼)에서 검사하고 워크북 52~53쪽에 결과 기록하기

② 간이 지면 검사
워크북 54~55쪽의 간이 검사지로 검사하고 결과 기록하기

수업 모형

■ 학생의 선택에 기반한 협력적 프로젝트 활동을 할 수 있습니다.

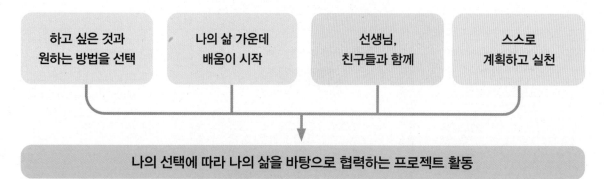

| 하고 싶은 것과 원하는 방법을 선택 | 나의 삶 가운데 배움이 시작 | 선생님, 친구들과 함께 | 스스로 계획하고 실천 |

나의 선택에 따라 나의 삶을 바탕으로 협력하는 프로젝트 활동

■ 학교 실정에 맞게 다음 예시와 같이 수업할 수 있습니다.

예시 1	예시 2
1일 1개 활동씩 수업 진행	1일 6개 활동 연속 수업 진행
↓	↓
총 6회 수업	총 1회 캠프형 수업

> 우리 모두는 미래의 창업가!
> 나의 가능성을 발견하는 경험을 쌓자!

MINDSET
창업가의 마음 준비하기

창업가정신 프로젝트를 시작할 때는 환경과 의지를 갖추는 것이 그 무엇보다 중요한 준비물입니다.
아래의 조항을 마음속으로 크게 읽어 창업가에게 어울리는 마음가짐을 준비해 봅시다.
프로젝트 시작 날짜를 적고 서명을 하여 '창업가의 마음 선언문'을 마음에 새겨 봅시다.

창업가의 마음 선언문

1 나는 이번 창업가정신 프로젝트 활동을 통해 창업가정신을 이해하고 창업가
정신을 키우기 위해 노력하겠습니다.

2 나는 내가 무한한 가능성을 지닌 존재임을 기억하며, 나의 장점을 발굴하려고
최선을 다하며 스스로에게 가장 큰 응원자가 되어 주겠습니다.

3 나는 활동의 규칙을 이해하고 준수하며 프로젝트 활동의 목표를 성공적으로
달성하기 위해 최선을 다하겠습니다.

4 나는 내 생각만 주장하지 않고 함께 프로젝트 활동을 하는 모둠원의 이야기에
귀를 기울이며 존중하겠습니다.

5 나는 프로젝트 활동을 완수하기 위해 내가 맡은 일을 적극적이고 성실하게 수
행하겠습니다.

프로젝트 시작 날짜   년   월   일   서명

스타트업에 도전하기

활동 미션 → 스타트업 팀을 만들고 팀의 결속력을 다진다.

수업 흐름 →

STEP ❶ 10분		STEP ❷ 20분		STEP ❸ 10분
스타트업 운영에 필요한 구성원 살펴보기	➡	스타트업 팀을 구성하고 역할 배분하기	➡	우리 팀의 결속력 다지기

☁⭐ **스타트업(Start-up)이란 무엇일까요?**

새로운 아이디어와 신기술을 가지고 사업을 시작하는 기업을 말합니다.

☁⭐ **스타트업(Start-up) 팀은 어떻게 구성되나요?**

스타트업 팀 구성은 매우 중요합니다.

팀원 간의 협력이 원활할수록 혁신적인 아이디어를 빠르게 실행에 옮길 수 있습니다.

효과적인 팀 구성을 위해서 스타트업 운영에 필요한 역할을 알아야 합니다.

스타트업 팀 구성 예시

마케팅 책임자 [CMO]

대표 [CEO]

기술 책임자 [CTO]

운영 책임자 [COO]

 스타트업 운영에 필요한 역할을 생각해 봅시다.

1 스타트업 운영에 필요한 구성원의 역할을 살펴봅시다.

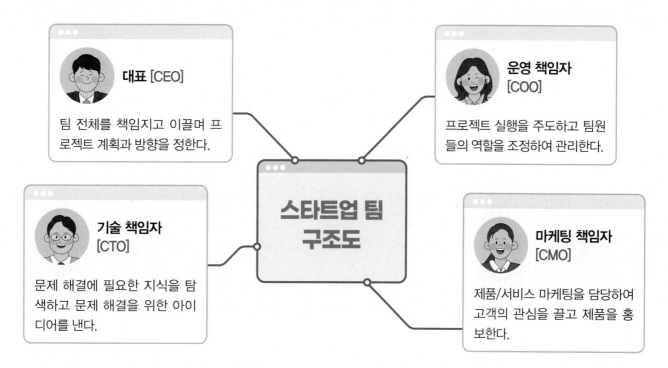

대표 [CEO]
팀 전체를 책임지고 이끌며 프로젝트 계획과 방향을 정한다.

운영 책임자 [COO]
프로젝트 실행을 주도하고 팀원들의 역할을 조정하여 관리한다.

스타트업 팀 구조도

기술 책임자 [CTO]
문제 해결에 필요한 지식을 탐색하고 문제 해결을 위한 아이디어를 낸다.

마케팅 책임자 [CMO]
제품/서비스 마케팅을 담당하여 고객의 관심을 끌고 제품을 홍보한다.

2 스타트업 팀 구성원에게 필요한 역량(태도)을 확인하고, 내가 잘하거나 잘하고 싶은 것을 골라 봅시다. (3개 이상)

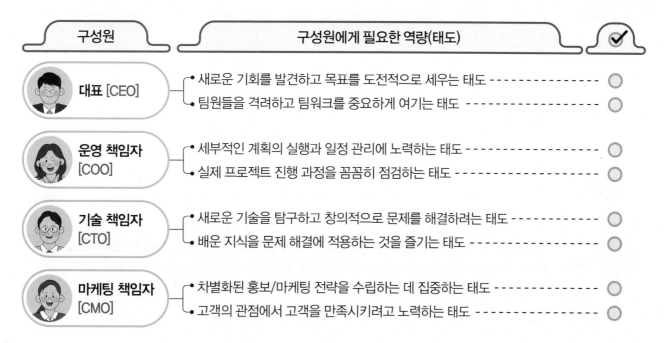

구성원	구성원에게 필요한 역량(태도)	✓
대표 [CEO]	• 새로운 기회를 발견하고 목표를 도전적으로 세우는 태도	○
	• 팀원들을 격려하고 팀워크를 중요하게 여기는 태도	○
운영 책임자 [COO]	• 세부적인 계획의 실행과 일정 관리에 노력하는 태도	○
	• 실제 프로젝트 진행 과정을 꼼꼼히 점검하는 태도	○
기술 책임자 [CTO]	• 새로운 기술을 탐구하고 창의적으로 문제를 해결하려는 태도	○
	• 배운 지식을 문제 해결에 적용하는 것을 즐기는 태도	○
마케팅 책임자 [CMO]	• 차별화된 홍보/마케팅 전략을 수립하는 데 집중하는 태도	○
	• 고객의 관점에서 고객을 만족시키려고 노력하는 태도	○

1 STEP 1(→ 11쪽)의 활동을 바탕으로 내가 하고 싶은 역할 1순위와 2순위를 생각하여 포스트잇에 적어 봅시다.

예시

순위 →	1순위	2순위
역할 →	대표(CEO)	운영 책임자(COO)
이름 →	장유찬	장유찬

2 학급 학생 모두가 본인의 포스트잇을 순위와 역할에 따라 칠판에 붙여 봅시다.

예시

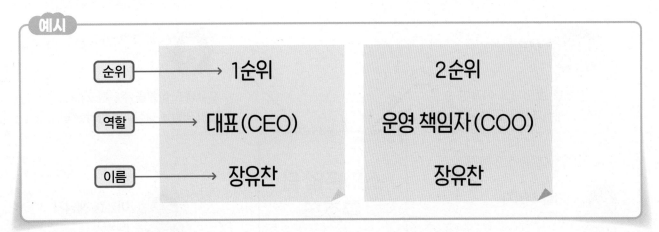

순위	대표 [CEO]	운영 책임자 [COO]	기술 책임자 [CTO]	마케팅 책임자 [CMO]
1순위	1순위 대표(CEO) 장유찬 / 1순위 대표(CEO) 전하준 / 1순위 대표(CEO) 강시우 / 1순위 대표(CEO) 김도윤 / 1순위 대표(CEO) 신나문	1순위 운영 책임자(COO) 강준서 / 1순위 운영 책임자(COO) 박지후 / 1순위 운영 책임자(COO) 정우주 / 1순위 운영 책임자(COO) 오하은	1순위 기술 책임자(CTO) 권유나 / 1순위 기술 책임자(CTO) 박하율 / 1순위 기술 책임자(CTO) 서지우 / 1순위 기술 책임자(CTO) 한서아 / 1순위 기술 책임자(CTO) 최연우 / 1순위 기술 책임자(CTO) 조예린	1순위 마케팅 책임자(CMO) 윤달이 / 1순위 마케팅 책임자(CMO) 이예성 / 1순위 마케팅 책임자(CMO) 이은우 / 1순위 마케팅 책임자(CMO) 임지ян / 1순위 마케팅 책임자(CMO) 최서윤
2순위	2순위 대표(CEO) 서지우 / 2순위 대표(CEO) 오하은 / 2순위 대표(CEO) 박지후 / 2순위 대표(CEO) 이예성 / 2순위 대표(CEO) 이은우 / 2순위 대표(CEO) 임지안	2순위 운영 책임자(COO) 장유찬 / 2순위 운영 책임자(COO) 권유나 / 2순위 운영 책임자(COO) 김도윤 / 2순위 운영 책임자(COO) 박하율 / 2순위 운영 책임자(COO) 윤달이	2순위 기술 책임자(CTO) 최서윤 / 2순위 기술 책임자(CTO) 강시우 / 2순위 기술 책임자(CTO) 강준서 / 2순위 기술 책임자(CTO) 신나문 / 2순위 기술 책임자(CTO) 전하준	2순위 마케팅 책임자(CMO) 정우주 / 2순위 마케팅 책임자(CMO) 조예린 / 2순위 마케팅 책임자(CMO) 최연우 / 2순위 마케팅 책임자(CMO) 한서아

 스타트업 프로젝트는 혼자서는 할 수 없습니다. 구성원이 함께할 때, 자신이 맡은 역할을 훌륭하게 해낼 때 프로젝트는 성공할 수 있습니다. 내가 잘할 수 있는 일이나 비록 조금 부족하지만 내가 열정을 가지고 잘해 보고 싶은 일을 생각해 보고 최선을 다하면 됩니다. 프로젝트 과정에서 실력이 자랄 수 있을 테니까요.

3 〈팀 구성 규칙〉에 따라 스타트업 팀을 구성해 봅시다.

- 학급 전체에서 총 5개의 스타트업 팀을 만든다면 총 5명의 대표가 필요합니다.
- 대표 역할을 할 사람들을 먼저 정하고 대표가 운영 책임자를 섭외합니다.
- 한 팀을 이룬 대표와 운영 책임자는 기술 책임자와 마케팅 책임자를 섭외하여 팀을 구성합니다.
- 1순위로 적은 사람을 우선적으로 해당 역할에 배정합니다.
- 각 역할의 필요 인원과 지원 인원이 다르다면 대상자들이 서로 협의를 하여 결정합니다.
- 팀원이 4명 이상이 될 때는 기술 책임자나 마케팅 책임자의 역할에 2명 이상을 배정할 수 있습니다.

4 팀 구성을 마친 후 스타트업 조직도에 구성원의 이름을 적어 봅시다.

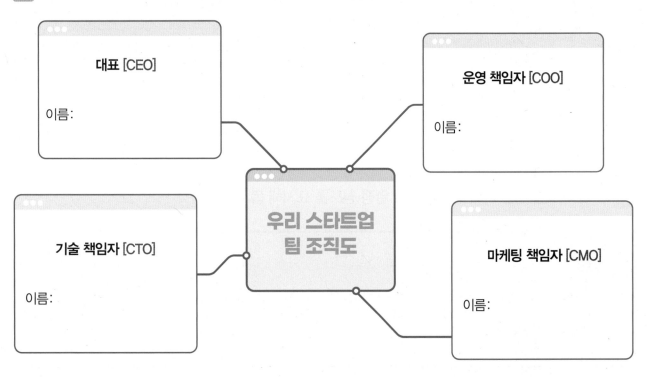

STEP ③ 우리 팀의 결속력을 높여 봅시다.

10분

1 우리 팀의 팀명과 구호를 만들어 봅시다.

팀명		팀명의 의미	
팀 구호		팀 구호의 의미	

2 성공적인 프로젝트를 위해 우리 팀의 규칙을 정해 봅시다.

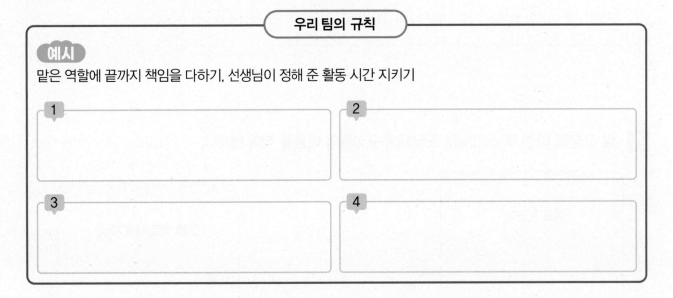

우리 팀의 규칙

예시
맡은 역할에 끝까지 책임을 다하기, 선생님이 정해 준 활동 시간 지키기

1

2

3

4

3 프로젝트를 위한 나의 각오를 적고 열정 정도를 표시해 봅시다.

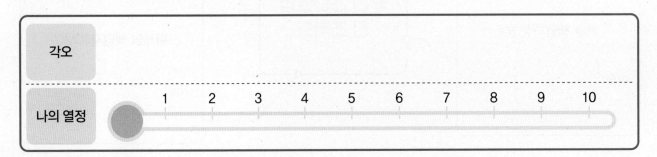

각오	
나의 열정	1 2 3 4 5 6 7 8 9 10

나의 능력과 열정에 집중하는 것이 중요해요.

기업 채용을 위한 동물 졸업 운동회	
종 목	❶ 육상 ❷ 수영 ❸ 비행
배 점	**1등** 100점 **2등** 60점 **3등** 40점 **기권** 20점
참가 선수	토끼, 거북, 매

동물 대학에서 기업 채용을 위한 졸업 운동회가 열렸습니다. 첫 번째 육상 종목에서는 토끼가 뛰어난 민첩성으로 1등을 차지하였고, 매가 근소한 차이로 2등을 차지했습니다. 거북이는 완주에 성공했지만, 마지막 순위로 들어왔습니다. 두 번째 수영 종목에서는 거북이가 놀라운 인내력과 체력으로 1등을 차지했고, 토끼는 전략 실패로 2등에 그쳤으며, 매는 출발선에서 실수를 저지르고 기권하고 말았습니다. 마지막으로 공중전, 즉 비행 종목에서는 심기일전한 매가 뛰어난 비행 능력으로 우승을 차지했습니다. 토끼도 근소한 차이로 2등을 차지했고, 거북이는 육중한 갑옷 때문에 날기를 포기하고 기권하였습니다. 운동회 최종 결과, 토끼가 220점을 획득하여 종합 우승을 차지하였습니다.

토끼는 의기양양해하며 "모든 회사에서 날 채용하려고 하려고 할 거야!"라고 말했습니다. 그러나 선박 회사 인사부장은 "물속에서 실력을 발휘할 동물이 필요해요."라며 거북이를 채용하였습니다. 항공기 회사 인사부장은 "바람을 거슬러 날 수 있는 동물이 최고죠."라며 매를 채용했습니다. 자동차 회사 인사부장만이 "우리는 달리기를 잘하는 동물이 필요해요."라고 말하며 토끼를 채용하였습니다. 종합 우승을 차지한 토끼를 모든 회사에서 원하는 것은 아니었습니다.

점수표

	🐰	🐢	🦅
달리기	1등	3등	2등
수영	2등	1등	기권
비행	2등	기권	1등
총점	220점	160점	180점

이 이야기에서 알 수 있듯이, 각 개인은 독특한 능력과 강점을 가지고 있으며, 각자의 장점을 발휘할 수 있는 분야가 다릅니다. 따라서 자기 자신을 돌아보고 자신의 강점을 발견하여 그것에 집중하는 것이 중요합니다. 이러한 과정을 통해 자신의 능력을 최대한 발휘할 수 있는 힘을 키울 수 있습니다.

02 생활 속에서 문제 발견하기

활동

활동 미션 ── 우리의 주변과 일상을 새롭게 보고 해결하고 싶은 문제를 발견한다.

수업 흐름 ──

STEP ❶ 10분		STEP ❷ 10분		STEP ❸ 20분
생활 속에서 개선이 필요한 문제 찾기	➡	고객 설정하기	➡	발견한 문제를 명확히 정의하기

 일상에서 편리하게 사용되는 스마트폰과 인터넷!

편리함 속에서 우리가 인식하지 못하고 있는 문제는 무엇일지 살펴볼까요?

🏠 가정

- 가족 구성원이 집에서도 각자 스마트폰에 몰두하면서 대화가 줄어들어 가족 간의 유대감이 약해질 수 있어요.
- 스마트폰 과다 사용으로 가족 간 갈등이 발생할 수 있어요.

🏫 학교

- 디지털 기기로 자료를 검색하고 온라인 수업을 하는 경우가 많아져요.
- 디지털 기기에 익숙하지 않은 학생은 수업에 어려움을 겪을 수 있어요.
- 집중력 저하, 사회성 부족, 사이버 폭력이나 온라인상 괴롭힘 등의 부작용이 발생할 수 있어요.

👤 개인

- 스마트폰으로 원하는 시간과 장소에서 원하는 콘텐츠를 즐길 수 있어요.
- 스마트폰 과다 사용으로 시력 저하, 근골격계 질환 등 건강 문제가 발생할 수 있어요.
- 게임 중독, 아동·청소년 유해 콘텐츠 접근 등의 문제가 발생할 수 있어요

👥 지역 사회

- SNS를 통해 정보를 빠르게 공유할 수 있어요.
- 디지털 접근이 어려운 소외 계층의 디지털 격차가 심화될 수 있어요.
- 가짜 뉴스와 허위 정보가 퍼지면서 사회적 혼란을 초래할 수 있어요.

 창업가정신의 실천은 일상을 새로운 시각으로 보고, 해결할 문제와 해결 방법을 적극적으로 찾는 것에서 시작합니다. 주변을 살피고 기존의 방식으로는 해결되지 않는 문제를 찾아보는 것이 중요합니다.

 생활 속에서 개선이 필요한 문제를 찾아봅시다.

1 문제를 발견하고 싶은 영역을 골라 ◯ 안에 V 표를 해 봅시다.

2 우리 팀에서 가장 많은 사람이 선택한 영역을 아래 빈칸에 적어 봅시다.

우리 팀은 _____ 영역에서 해결하고 싶은 문제를 찾을 것이다.

3 우리 팀이 선택한 영역에서 개선되어야 할 문제를 최대한 많이 구체적으로 떠올려보고 포스트잇에 써 봅시다.

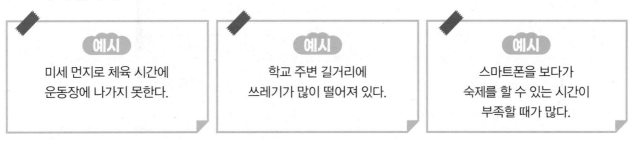

예시
미세 먼지로 체육 시간에 운동장에 나가지 못한다.

예시
학교 주변 길거리에 쓰레기가 많이 떨어져 있다.

예시
스마트폰을 보다가 숙제를 할 수 있는 시간이 부족할 때가 많다.

4 포스트잇에 적은 아이디어를 팀원과 확인하면서 우리 팀에서 해결하고 싶은 문제 한 가지를 결정해 봅시다.

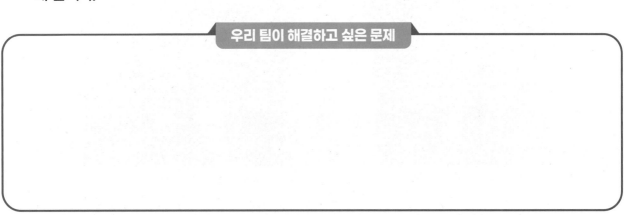

우리 팀이 해결하고 싶은 문제

생활 속 불편함을 해결한 사례들

창업가정신은 우리가 일상에서 마주치는 문제들을 새로운 시각으로 바라보고, 그 문제를 해결할 방법을 적극적으로 모색하는 것에서 시작됩니다. 기존의 방식으로는 해결되지 않는 문제를 찾아내어 문제를 인식하는 것은 단순한 관찰을 넘어, 불편함이나 개선이 필요한 지점을 정확히 짚어내는 것입니다. 그리고 이를 바탕으로 실제로 실행할 수 있는 해결책을 도출하는 것입니다. 생활 속에서 불편함을 관찰하고 창의적으로 문제를 해결하여 새로운 가치를 창조한 사례들을 살펴봅시다.

존엄한 쓰레기통

노르웨이와 덴마크 등 유럽 일부 국가에는 노숙자들이 특정 재활용 병을 수거해 오면 돈으로 돌려주는 프로그램이 존재합니다. 큰돈은 아니어도 누군가에게는 이런 프로그램이 생계에 도움이 될 수 있습니다. 하지만 병을 모으려면 쓰레기통을 힘들게 자존심을 버리고 뒤질 수밖에 없었습니다. 이를 해결하기 위한 '병 수거 칸'이 따로 존재하는 쓰레기통이 덴마크 코펜하겐이나 노르웨이 오슬로 등에 배치되었습니다. 일회용품 보증금은 적지만 노숙인이나 저소득층에게는 꼭 필요한 돈입니다. 그들은 생존을 위해 쓰레기통을 뒤지면서 빈 병을 찾습니다. 이러한 사람들의 존엄성을 위해 쓰레기통 옆에 선반을 달아둔 것입니다.

이 프로젝트의 결과는 놀라웠습니다. 새로운 쓰레기통이 설치된 이후로 재활용되는 병의 수가 49%나 늘었으며, 노숙인이나 저소득층은 쓰레기통을 뒤적이지 않고 편하게 재활용품을 수거해 보증금을 받을 수 있어서 만족해하였습니다. 또한 사용자들은 굳이 재활용을 위해 가게로 가져가지 않고도 재활용에 동참할 수 있어서 만족해하였습니다. 아무런 비용도 들이지 않고 서로의 필요를 충족시키는 일거양득의 아이디어인 셈입니다.

출처: 허프포스트코리아(https://www.huffingtonpost.kr)

▲ 덴마크의 쓰레기통

▲ 노르웨이의 쓰레기통

스마트폰 중독 해결을 위한 앱(미라쿠룸 포커스온미)

육아하면서 스마트폰 중독의 심각성을 인지하게 된 미라쿠룸의 박동희 대표는 포커스온미(Focus On Me)라는 브랜드로 앱과 디바이스를 출시했습니다. 포커스온미 앱은 집중하고 싶을 때 스마트폰을 사용하지 않을 목적(공부, 일, 휴식 등)을 선택하고 시간을 맞추면 실행이 됩니다. 설정한 시간이 다 될 때까지 다른 앱을 사용하지 못하도록 막아주는 서비스입니다. 디바이스 제품인 포커스룸은 앱을 보완하기 위한 제품입니다. 실물 스마트폰을 넣고 원하는 시간 동안 잠글 수 있는 장치로 핸드폰 감옥인 셈입니다. 실제로 포커스룸을 사용해 본 사람들은 스마트폰의 유혹을 뿌리치는 데 도움을 받고 있다고 말합니다.

▲ 미라쿠룸의 포커스온미

출처: 한국일보, 〈스마트폰 중독, '스마트폰 감옥'과 앱으로 개선해요〉, 2023. 11. 24.

MRI 어드벤처 시리즈

CT, X-RAY, MRI 등을 이용한 진단 영상 절차는 질병의 정확한 진단을 위한 필수 단계지만, 환자에게는 불쾌한 경험이 될 수 있습니다. 특히 어린이 환자들에게는 더욱 그렇습니다. GE 헬스케어의 산업 디자이너 더그 디에츠(Doug Dietz)는 이런 불쾌하고 두려운 경험을 즐거운 모험으로 바꾸기 위한 새로운 디자인을 연구하였습니다. 디에츠는 아이들의 시선으로 자신이 디자인한 진단 영상 장치를 보니 구멍이 있는 거대한 벽돌과 같이 보였다고 합니다. 이에 아이들이 좋아할 만한 진단 영상 장치를 디자인하기 위해 아이들을 관찰하고 공감하는 작업부터 시작했습니다. 그 결과, 단순한 기계 디자인에서 탈피해 아이들을 위한 진단 공간을 디자인하는 프로젝트로 이어졌습니다. 산호 도시, 해적 섬, 캠프장, 우주여행, 사파리 등의 다양한 주제로 기계와 공간이 만들어졌습니다. 이것이 MRI 어드벤처 시리즈로 발전하게 되었고, 아이들은 더 이상 MRI 검사를 무서워하지 않게 되었습니다.

▲ GE 헬스케어의 MRI 어드벤처 시리즈

출처: 한국프로스포츠협회 웹진(http://webzine.prosports.or.kr)

 **STEP 2** 우리 팀의 고객은 어떤 사람인지 생각해 봅시다.

💬 우리 팀이 해결하고자 하는 문제를 가장 불편해하는 사람을 고객이라고 부릅시다. 우리의 고객은 어떤 사람이고, 불편해하는 점은 무엇일지 팀원과 이야기하고 고객 정보를 작성해 봅시다.

예시 **우리의 고객 정보**

이름 나선진   **나이** 13세

성별 남   **직업** 학생

성격 평소 정리정돈을 중요시 하며 일상의 작은 불편함에도 민감하게 반응한다.

고객이 원하는 것

불편함, 불합리함 등 개선되기를 바라는 것

- 책가방을 열었을 때 물건이 정리가 안 되어 있으면 기분이 좋지 않다.
- 책가방 속에 뒤섞여 있는 물건을 찾는 데 한참 걸린다.
- 책가방 속 물건이 뒤섞이지 않고 한눈에 물건을 찾을 수 있으면 편리할 것 같다.

우리의 고객 정보

이름   **나이**

성별   **직업**

성격

고객이 원하는 것

불편함, 불합리함 등 개선되기를 바라는 것

-
-
-

 어떤 제품이나 서비스를 사용할 만한 가상의 고객을 설정하는 이유는 제품이나 서비스를 개발하기 전에 사용자들이 어떻게 행동할지를 정확하게 예측하기 위해서입니다. 고객은 가능한 구체적으로 설정하는 것이 좋습니다.

 우리 팀이 해결할 문제를 정의해 봅시다.

1 우리의 고객이 불편함(불합리함)을 느끼는 경험과 감정을 상상하여 시간 순서대로 정리해 봅시다.

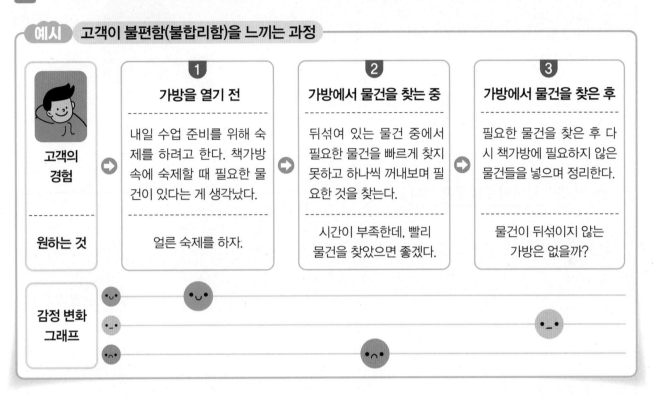

예시 고객이 불편함(불합리함)을 느끼는 과정

고객의 경험	**1** 가방을 열기 전 내일 수업 준비를 위해 숙제를 하려고 한다. 책가방 속에 숙제할 때 필요한 물건이 있다는 게 생각났다.	**2** 가방에서 물건을 찾는 중 뒤섞여 있는 물건 중에서 필요한 물건을 빠르게 찾지 못하고 하나씩 꺼내보며 필요한 것을 찾는다.	**3** 가방에서 물건을 찾은 후 필요한 물건을 찾은 후 다시 책가방에 필요하지 않은 물건들을 넣으며 정리한다.
원하는 것	얼른 숙제를 하자.	시간이 부족한데, 빨리 물건을 찾았으면 좋겠다.	물건이 뒤섞이지 않는 가방은 없을까?

감정 변화 그래프

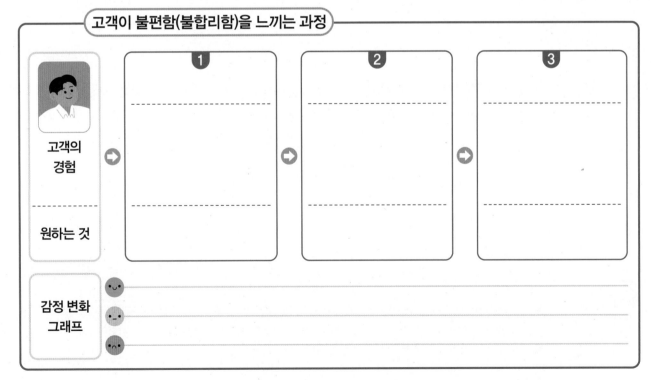

고객이 불편함(불합리함)을 느끼는 과정

고객의 경험	**1**	**2**	**3**
원하는 것			

감정 변화 그래프

2 고객 경험을 바탕으로 우리 팀이 해결할 문제를 정의해 봅시다.

예시 ◆ **우리 팀이 해결할 문제 정의**

정리 정돈을 중요하게 생각하는 나선진은
└→ **고객**

책가방을 열고 바로 원하는 물건을 찾을 수 있기를 원합니다.
└→ **드러난 요구**

물건을 찾느라 시간을 낭비하지 않기를 원하기 때문입니다.
└→ **진짜 이유**

우리 팀이 해결할 문제 정의

└→ **고객**

원합니다.
└→ **드러난 요구**

때문입니다.
└→ **진짜 이유**

3 이제 우리는 고객이 불편해 하는 문제를 해결해야 합니다. 우리가 해결할 문제를 "어떻게 하면 우리가 ~ 할 수 있을까(How Might We)?"의 형태로 정리해 봅시다.

예시 "어떻게 하면 우리가 **가방 속의 물건을 쉽게 찾을 수 있도록** 할 수 있을까?"

"어떻게 하면 우리가

할 수 있을까?"

도움말 23쪽 〈가능성을 열어주는 긍정 질문법〉을 참고하세요.

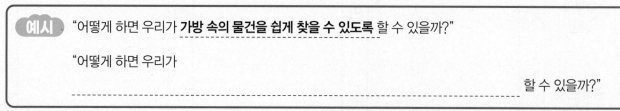

우리가 해결해야 할 문제는 어떤 문제여야 할까요? 해결할 만한 가치가 있고 많은 사람에게 공감을 불러일으키는 문제여야 합니다. 우리가 발견한 문제를 왜 해결하려고 하는지 공감해 주는 사람이 많을수록, 우리의 제품 또는 서비스를 구매하고 참여하려는 고객이 많아질 것입니다.

가능성을 열어주는 긍정 질문법

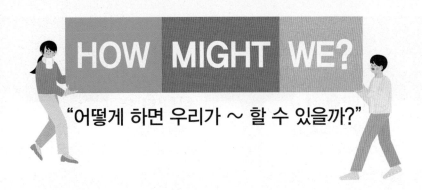

"어떻게 하면 우리가 ~ 할 수 있을까?"

1970년대 초 피앤지(P&G)사에 근무하던 민 바사더(Min Basadur)와 그의 동료들은 고민에 빠졌습니다. 경쟁사에서 판매하는 비누 때문에 자사 비누의 판매가 부진했기 때문입니다. 경쟁사의 제품은 녹색 띠를 둘러 상쾌한 느낌을 주는 비누였습니다. 피앤지사는 경쟁사의 비누보다 어떻게 하면 더 나은 녹색 띠를 두른 비누를 만들지 고민하면서 새로운 비누를 6개나 만들었지만, 경쟁사를 좀처럼 이길 수 없었습니다. 이유는 바로 "어떻게 하면 우리가 더 나은 녹색 띠를 두른 비누를 만들 수 있을까?"와 같은 잘못된 질문을 하였기 때문입니다.

실패가 거듭되자 민 바사더는 "어떻게(How) 하면 우리 회사가 고객에게 더 상쾌한 비누를 제공할 수 있을까(might)?"라는 훨씬 더 확장적이고 긍정적인 질문을 하게 되었습니다. 이 질문을 통해 수백 가지의 창의적인 아이디어가 쏟아졌고 결론은 '해변에서 느끼는 상쾌함을 표현하기'란 주제로 의견을 모았습니다. 피앤지사는 바닷빛 푸른색에 흰색 띠를 두른 비누를 출시하였고, 결국 큰 성공을 거두었습니다. 질문의 변화가 만들어 낸 큰 성과였습니다.

▲ 피앤지사의 비누

"How Might We?" 질문법은 많은 도전 과제에 적용될 수 있지만, "우리가 세계 빈곤 문제를 어떻게 풀 수 있을까?" 혹은 "올해 어떻게 하면 5%의 수익을 늘릴 수 있을까?"와 같이 너무 넓거나 좁은 문제들에는 적용하기가 어렵습니다. 따라서 우리가 발견한 문제에 관한 적당한 범위의 질문을 만들어야 합니다.

👓 다음과 같은 문제를 해결하기 위한 긍정적인 질문은 무엇일까요?

문제 상황 아이스크림콘에서 아이스크림이 잘 떨어진다.

① 어떻게 하면 새로운 디저트를 만들 수 있을까?
② 어떻게 하면 움직이면서 먹기 편한 아이스크림을 만들 수 있을까?
③ 어떻게 하면 떨어뜨리지 않는 아이스크림콘을 만들 수 있을까?

03 문제 해결 아이디어 내기

활동

활동 미션 ——— 실행 가능한 문제 해결 아이디어를 선정한다.

수업 흐름 ———

STEP ❶ 15분		STEP ❷ 15분		STEP ❸ 10분
문제 해결 아이디어 생각하기	➡	문제 해결 아이디어 모으기	➡	실행 가능한 아이디어 선정하기

🌀 새로운 아이디어를 어떻게 생각해 낼 수 있을까요?

새로운 아이디어를 생각해 내는 것은 누구에게나 어려운 일입니다.
하지만 아이디어 발상법을 활용하여 기존의 제품이나 서비스를 변형해 보면
새로운 문제 해결 아이디어를 떠올리는 데 도움을 받을 수 있습니다.

강제결합법

강제결합법은 문제와 관련이 없어 보이는 대상을 강제로 연결시켜 봄으로써 아이디어를 얻는 기법입니다.

강제결합법으로 탄생한 바퀴 달린 여행 가방

 + =

스캠퍼 기법

스캠퍼 기법은 기존의 형태나 아이디어를 다양하게 변형시키는 기법으로, 기존의 제품을 개선하거나 새로운 제품을 만들어 낼 때 유용합니다.

맥도날드의 혁신적인 아이디어와 변화

S 대체하기	**C** 결합하기	**A** 응용하기
성인 대신 10대 청소년 아르바이트 고용 ➡ 10대 청소년 고객 증가	주유소와 맥도날드 점포를 결합 ➡ 자동차를 몰고 온 고객 증가	한국의 배달 문화를 적용하여 배달 시작 ➡ 고객이 편해지고 매출 증가
M 변형·확대·축소하기	**P** 다른 용도로 사용하기	**E** 제거하기(Eliminate)	**R** 뒤집기·재배열하기
드라이브 스루로 주문 시작 ➡ 자동차에서 내려 음식을 주문하는 불편함 해소	테이블 수를 줄여 간이 카페로 변경 ➡ 공간 활용과 계산대의 복잡함 해소	종업원의 수를 줄이고 셀프 서비스 시작 ➡ 인건비를 줄이고 판매 가격 내림	음식 주문과 동시에 돈을 계산 ➡ 돈을 받지 못하는 경우 감소

 **STEP 1** 문제 해결 아이디어를 생각해 봅시다.
15분

1 강제결합법으로 문제 해결 아이디어를 생각해 봅시다.

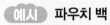 **강제결합법 적용하기**

1 각자 가방이나 주머니에서 다양한 물건을 꺼내어 물건 주머니에 모읍니다. → **2** 주머니에서 무작위로 물건을 꺼내고 물건의 특징을 써 봅니다. → **3** 물건의 특징을 적용하여 아이디어를 생각합니다.

예시 파우치 백

- 물건의 특징: 작은 물건들을 넣는다.
- 아이디어: 가방 안에 작은 가방을 넣어 물건을 구분하여 넣을 수 있도록 만든다.

물건	물건의 특징	떠오른 아이디어

 시작부터 완벽한 아이디어가 떠오르기는 어렵습니다. 그러니 지금 당장 멋진 아이디어가 바로 떠오르지 않더라도 걱정하지 마세요. 고정관념을 버리고 자유롭게 생각하다 보면 점점 재미있는 아이디어들이 떠오를 겁니다. 아이디어는 계속 다듬으면서 완성하면 됩니다.

2 스캠퍼 기법으로 문제 해결 아이디어를 생각해 봅시다.

스캠퍼 기법 적용하기

1 해결하고 싶은 문제를 머릿속으로 떠올립니다. → **2** 문제 상황에 스캠퍼 기법을 하나씩 적용해 봅니다. → **3** 떠오른 아이디어를 자유롭게 써 봅니다.

예시 **정리 그물망이 들어있는 책가방** – 응용하기

 자동차 트렁크에 부착된 물건 정리용 그물망을 응용하여 책가방 안에 그물망을 부착하고, 물건을 크기나 모양에 따라 분류하여 그물망에 넣어 물건이 이리저리 돌아다니지 않도록 한다.

적용한 기법	떠오른 아이디어
대체하기 (Substitute)	
결합하기 (Combine)	
응용하기 (Adapt)	
변형·확대·축소하기 (Modify)	
다른 용도로 사용하기 (Put to other use)	
제거하기 (Eliminate)	
뒤집기·재배열하기 (Reverse·rearrange)	

다양한 아이디어 발상 기법

PMI 기법

PMI 기법은 이미 제시된 아이디어를 평가하는 방법으로 아이디어의 좋은 점(P), 나쁜 점(M), 흥미로운 점(I)을 살펴본 후, 하나의 아이디어에 대해 집중적으로 생각해 보며 판단합니다.

⊕ Plus(강점)	⊖ Minus(약점)	♥ Interesting(흥미로운 점)
제시된 아이디어의 좋은 점만 이야기하기	제시된 아이디어의 나쁜 점만 이야기하기	제시된 아이디어와 관련해 흥미로운 점 이야기하기

↓ 빼빼로데이 평가하기

• 맛있는 과자를 먹을 수 있다. • 친구들과 친해지는 계기가 된다. • 특별한 이벤트를 할 수 있다.	• 불필요한 돈을 쓰게 된다. • 과자 회사의 상술로 이용된다. • 쓰레기가 너무 많이 나온다.	• '가래떡데이'와 같은 날이다. • 발렌타인데이, 화이트데이와는 달리 남녀 모두 선물을 줄 수 있다.

5WHY 기법

5WHY 기법은 다섯 번의 "왜?"라는 질문을 연속적으로 던져가며 문제의 근본 원인을 찾아내는 방법을 말합니다. 이 기법은 미국 워싱턴에 있는 토마스 제퍼슨 기념관의 대리석 부식 문제를 해결하는 과정에서 탄생하였습니다. 심하게 부식된 토마스 제퍼슨 기념관을 방문한 사람들은 관리 부실로 인한 훼손이라고 민원을 제기하였고, 기념관장은 고민 끝에 "WHY(왜)?"라는 질문으로 문제를 해결하였습니다.

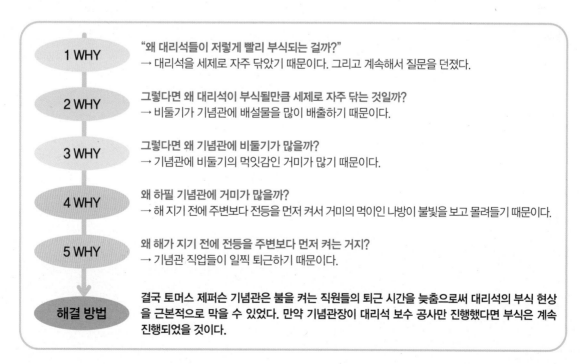

1 WHY
"왜 대리석들이 저렇게 빨리 부식되는 걸까?"
→ 대리석을 세제로 자주 닦았기 때문이다. 그리고 계속해서 질문을 던졌다.

2 WHY
그렇다면 왜 대리석이 부식될만큼 세제로 자주 닦는 것일까?
→ 비둘기가 기념관에 배설물을 많이 배출하기 때문이다.

3 WHY
그렇다면 왜 기념관에 비둘기가 많을까?
→ 기념관에 비둘기의 먹잇감인 거미가 많기 때문이다.

4 WHY
왜 하필 기념관에 거미가 많을까?
→ 해 지기 전에 주변보다 전등을 먼저 켜서 거미의 먹이인 나방이 불빛을 보고 몰려들기 때문이다.

5 WHY
왜 해가 지기 전에 전등을 주변보다 먼저 켜는 거지?
→ 기념관 직업들이 일찍 퇴근하기 때문이다.

해결 방법
결국 토머스 제퍼슨 기념관은 불을 켜는 직원들의 퇴근 시간을 늦춤으로써 대리석의 부식 현상을 근본적으로 막을 수 있었다. 만약 기념관장이 대리석 보수 공사만 진행했다면 부식은 계속 진행되었을 것이다.

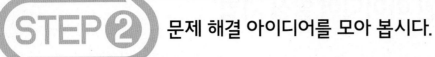 **STEP 2** 문제 해결 아이디어를 모아 봅시다.

15분

1 활동 02 STEP 3(→ 22쪽)에서 정의한 문제를 아래 표 상단에 적어 봅시다.

2 STEP 1(→25~26쪽)에서 떠오른 문제 해결 아이디어 중 3가지를 선택하여 아래 표 ❶번 칸에 써 봅시다.

3 작성한 활동지를 팀원 모두가 동시에 왼쪽에 있는 사람에게 전달해 봅시다.

4 전달 받은 활동지에 적힌 아이디어를 읽은 후 나의 아이디어를 다음 번호의 칸에 써 봅시다. 모든 팀원이 자신의 활동지를 받을 때까지 과정을 반복합니다.

"어떻게 하면 우리가

할 수 있을까?"

순서	아이디어 1	아이디어 2	아이디어 3
❶			
❷			
❸			
❹			
❺			

 **STEP ③** 우리 팀이 실행할 수 있는 아이디어를 선정해 봅시다.

1 STEP 2(→ 28쪽)에서 함께 작성한 문제 해결 아이디어를 포스트에서 옮겨 적어 봅시다.

2 아이디어가 적힌 포스트잇을 기대 효과에 따라 분류하여 아래 표에 붙여 봅시다.

👉 **도움말** 기대 효과란 아이디어가 실현되었을 때 얻을 수 있는 긍정적인 성과를 말합니다.

기대 효과 작은 것	기대 효과 보통인 것	기대 효과 큰 것

3 기대 효과가 큰 아이디어 중에서 최종 문제 해결 아이디어를 선택하여 정리해 봅시다.

- 최종 문제 해결 아이디어 :

- 문제가 해결되었을 때의 상황 :

프로토타입 만들기

활동 미션 ── 프로토타입과 프로토타입을 소개하는 카드 뉴스를 만든다.

수업 흐름 ──

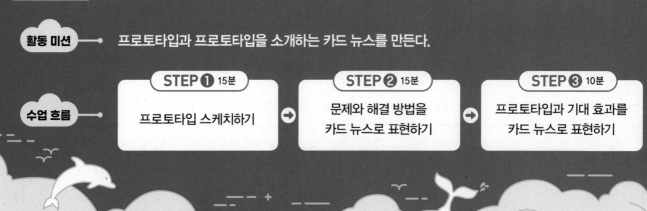

STEP ❶ 15분	STEP ❷ 15분	STEP ❸ 10분
프로토타입 스케치하기	문제와 해결 방법을 카드 뉴스로 표현하기	프로토타입과 기대 효과를 카드 뉴스로 표현하기

💭 프로토타입(Prototype) 이란, 무엇일까요?

프로토타입은 머릿속의 아이디어를 구체적으로 시각화한 것을 말합니다.

고객과의 의사소통을 위한 것으로, 고객이 프로토타입을 테스트하게 함으로써

문제점을 발견하고 개선하여 발전된 제품이나 서비스를 만들 수 있습니다.

완벽하게 만들기보다 일단 생각을 표현한 무언가를 빠르게 만드는 것이 중요합니다.

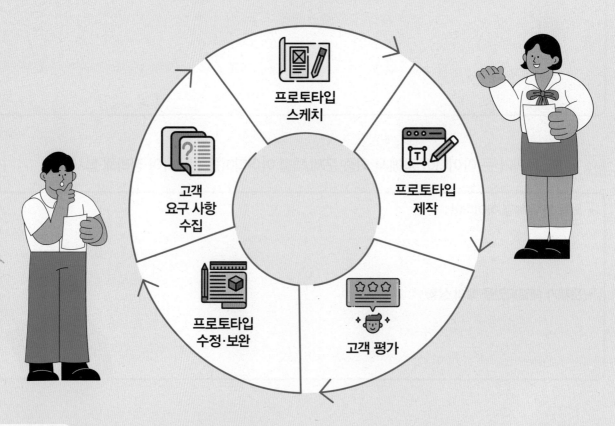

 **STEP 1** 우리 팀의 아이디어로 프로토타입을 만들어 봅시다.
15분

💬 우리 팀의 아이디어로 프로토타입을 스케치해 봅시다.

예시 프로토타입 스케치

설명: 안경원에서 사용하는 초음파 안경 세척기를
가정용으로 만든 것으로, 언제 어디서든 더러
워진 안경을 편리하게 세척할 수 있다.

프로토타입 스케치

설명:
....
....
....

 **STEP 2** 발견한 문제와 해결 방법을 카드 뉴스로 표현해 봅시다.
15분

💬 우리 팀이 발견한 문제와 문제 해결 방법을 소개하는 카드 뉴스를 만들어 봅시다.

[도움말] 카드 뉴스는 직접 그려도 되고 디지털 도구를 사용해도 됩니다.

예시 **카드 뉴스**

◆ **카드 뉴스**: 이미지와 짧은 글로 구성한 게시물로, 정보를 쉽고 빠르게 전달하는 것을 목적으로 합니다.

우리가 발견한 문제	해결 방법

출처: 와디즈에서 펀딩한 '스마클린 UV 초음파 세척기' 상품 소개 내용을 재구성함.

우리가 발견한 문제	해결 방법

STEP ③ 프로토타입과 기대 효과를 카드 뉴스로 표현해 봅시다.

💬 우리 팀이 생각한 프로토타입과 기대 효과를 소개하는 카드 뉴스를 만들어 봅시다.

🔊 도움말 카드 뉴스는 직접 그려도 되고 디지털 도구를 사용해도 됩니다.

예시 **카드 뉴스**

◆ **기대 효과:** 프로토타입을 통해 우리가 기대하는 긍정적인 결과나 장점을 말합니다.

프로토타입	기대 효과
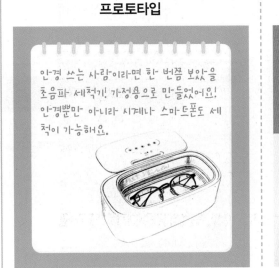 안경 쓰는 사람이라면 한 번쯤 보았을 초음파 세척기. 가정용으로 만들었어요! 안경뿐만 아니라 시계나 스마트폰도 세척이 가능해요.	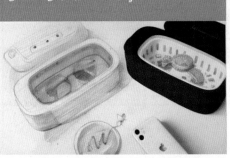 안경이 지저분해지면 학교에서도 집에서도 손쉽게 세척을 할 수 있어서 너무 편리해요. 자주 사용하는 물건의 유해 세균을 간편하게 날려 버릴 수 있어서 너무 좋아요.

출처: 와디즈에서 펀딩한 '스마클린 UV 초음파 세척기' 상품 소개 내용을 재구성함.

프로토타입	기대 효과

디지털 도구 활용하기

캔바(Canva) www.canva.com

 캔바에서 제공하는 다양한 템플릿을 활용하여 디자인 작업을 간편하게 할 수 있습니다. PPT, 문서, 사진, 동영상 등 다양한 형식의 샘플 디자인을 활용할 수 있으며, 저작권을 걱정하지 않고 사용할 수 있습니다. 다음에 제시된 활용 방법을 잘 살펴보고 프로토타입, 카드 뉴스, 발표 자료 등을 만들 때 활용해 봅시다.

활용 방법

1. 캔바 웹사이트에 접속해서 로그인 또는 가입 버튼을 클릭합니다.

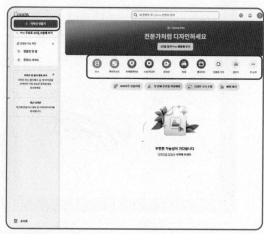

2. 디자인 만들기 버튼을 클릭하거나, 원하는 문서의 유형을 찾아 클릭합니다.

3. 디자인 버튼을 클릭하면 원하는 디자인 템플릿을 고를 수 있습니다. 선택한 템플릿을 수정할 수도 있습니다.

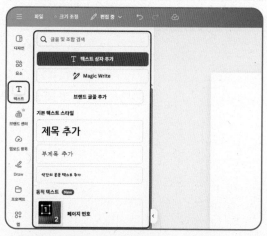

4. 텍스트 버튼을 클릭하면 텍스트 상자를 추가하거나 글꼴을 바꿀 수 있습니다.

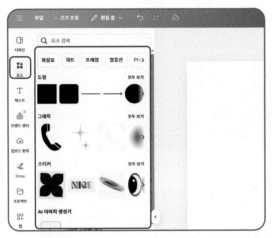

5. 요소 버튼을 클릭하면 도형, 그래픽, 사진, 동영상 등 다양한 추가 콘텐츠를 선택하여 활용할 수 있습니다.

6. 업로드 항목 버튼을 클릭하면 내가 가지고 있는 이미지, 동영상, 오디오 등을 업로드하여 활용할 수 있습니다.

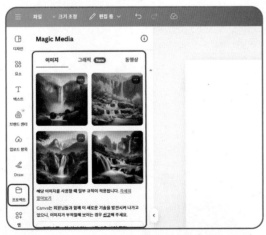

7. Magic Media 버튼을 클릭하면 생성형 인공지능을 활용하여 입력한 텍스트를 이미지나 동영상으로 변환할 수 있습니다.

8. 완성된 디자인은 공유 버튼을 눌러 다운로드하거나 공유할 수 있습니다.

프로토타입 발전시키기

활동 미션 ── 아이디어 토의를 통해 최종 프로토타입(기획안)을 만든다.

수업 흐름 ──

STEP ❶ 20분		STEP ❷ 10분		STEP ❸ 10분
프로토타입을 소개하고 피드백 받기	➡	피드백 내용을 공유하기	➡	최종 기획안 만들기

 아이디어를 발전시키는 토의 방법을 알아봅시다.

프로토타입을 사람들에게 설명하고 다양한 피드백을 받으면
우리가 만든 프로토타입이 고객의 요구를 충족시키는지 확인할 수 있습니다.
그리고 최종 프로토타입을 더욱 완성도 있게 개발하고 실패를 줄이는 데 도움이 됩니다.
다음의 토의 진행 방법을 확인하고 우리 팀의 프로토타입에 대한 아이디어를 모아 봅시다.

토의 진행 방법

1. 팀의 아이디어를 소개할 발표자와 토의 내용을 기록할 기록자만 남기
2. 팀원들은 포스트잇과 펜을 가지고 다른 팀을 돌아다니기
3. 발표자는 이동해 온 다른 팀원에게 아이디어 제품 기획안(프로토타입)을 설명하고 질문에 대답하기
4. 다른 팀의 팀원들은 설명을 들으면서 피드백을 포스트잇에 적기
5. 기록자는 발표자와 이동해 온 다른 팀원들의 토의 내용 기록하기
6. 팀원들은 반시계 방향으로 다른 팀의 자리로 이동하기

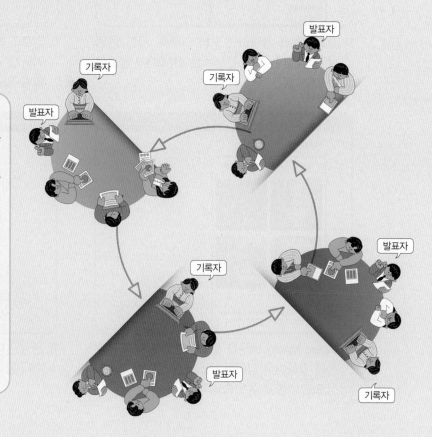

 프로토타입에 대한 아이디어 토의를 해봅시다. 20분

1 팀원 전체가 힘을 합쳐 지정된 장소에 팀별 산출물을 전시하고 발표자와 기록자를 정합니다.

2 발표자와 기록자만 남고 그 외 팀원들은 반시계 방향으로 다른 팀의 전시 장소로 이동합니다.

3 발표자는 프로토타입을 설명하고, 기록자는 토의 과정을 기록해 봅시다.

4 그 외 팀원은 발표자의 설명을 잘 듣고 피드백을 포스트잇에 적어 줍시다.

토의 과정에서 각 담당자의 역할

발표자	기록자	그 외 팀원
팀의 아이디어 기획안(활동 04, 32~33쪽에서 만든 카드 뉴스)을 기반으로 다른 팀원들에게 프로토타입에 대해 간략하게 설명하고 피드백을 받습니다.	기록자는 발표자와 이동해 온 다른 팀원들의 토의 과정을 잘 듣고 기록합니다.	발표자의 설명을 잘 듣고 궁금한 점을 질문하고, 잘된 점(파란색), 아쉬운 점(노란색), 새로운 제안(분홍색)을 중심으로 피드백을 줍니다.

토의 시 유의 사항

1. 서로에게 도움이 되는 피드백 제공하기
2. 설명은 핵심을 중심으로 간결하게 하기
3. 다른 팀원의 의견을 주의 깊게 듣고 나의 것으로 가져오기

예시 **피드백**

잘된 점	아쉬운 점	새로운 제안
위생적으로 관리할 수 있고 사용이 편리하다.	기존 제품 대비 가격이 비쌀 것 같다.	휴대용으로 작게 만들면 좋을 것 같다.

 **좋은 피드백의 3원칙**

1. 구체적으로 적는다.　　2. 친절하게 적는다.　　3. 도움이 되도록 적는다.

아이디어를 모으는 방법

월드 카페(World Cafe)

월드 카페 토론법은 1995년에 후아니타 브라이언트(Juanita Brown)와 데이비드 아이작(David Isaacs)가 개발한 방법입니다. 이 방법은 사람들이 편안한 분위기에서 자유롭게 생각을 나누고 공유하는 것이 특징입니다. 이 토론법의 좋은 점은 경쟁하지 않는다는 것입니다. 다른 사람의 의견을 반박하는 대신, 그 의견에 대한 문제점과 대안을 제시하면서 건설적인 토론을 할 수 있습니다. 이런 방식으로 서로의 생각을 존중하면서 문제를 해결할 수 있습니다.

진행 방법

1. 모둠에서 발표자와 기록자만 남는다.
2. 발표자는 이동해 온 다른 모둠원에게 아이디어 제품 기획안(프로토타입)을 설명하고 질문에 대답한다.
3. 나머지 모둠원들은 각 모둠으로 돌아다니며 다른 모둠의 발표를 듣고 피드백을 해준다.
4. 기록자는 발표자와 이동해 온 다른 모둠원들의 토의 과정을 기록한다.

갤러리 워크(Gallery Walk)

갤러리 워크는 미술관이나 박물관에서처럼 발표 자료를 전시해 두고, 모둠별로 역할을 나누어 토의를 진행하는 방법입니다. 발표자는 다른 모둠의 관람자들에게 자신이 만든 결과물을 설명하고, 관람자들은 다른 모둠의 전시물을 감상하면서 발표자가 설명하는 내용을 정리하고 피드백을 제공합니다. 이 방법은 마치 미술관에서 안내자의 해설을 들으며 작품을 감상하는 것과 비슷합니다. 각 모둠은 자신의 작품을 전시하고, 다른 모둠의 작품을 감상하면서 다양한 아이디어를 공유하고 피드백을 주고받을 수 있습니다.

진행 방법

1. 제작한 산출물을 지정된 장소에 붙인다.
2. 발표자가 산출물을 설명하고 관람자는 설명을 듣고 새롭게 확장된 의견을 자유롭게 피드백한다.

 토의 내용을 팀원들과 공유해 봅시다.
10분

1 발표자와 기록자가 받은 피드백을 팀원에게 공유하고 정리해 봅시다.

다른 팀원에게 받은 피드백

2 다른 팀의 피드백을 들은 소감과 경험담을 함께 공유하고 정리해 봅시다.

다른 팀의 피드백을 들은 소감(우리 팀이 적용할 의견)

3 피드백과 소감을 바탕으로 프로토타입을 수정하고 보완하는 아이디어를 생각해 봅시다.

프로토타입 수정·보완 아이디어

💬 프로토타입 수정·보완 아이디어를 반영한 최종 기획안을 카드 뉴스로 만들어 봅시다.

🗨️ **도움말** 활동 04에서 작성한 아이디어 기획안(카드 뉴스) 양식을 사용합니다. 카드 뉴스는 직접 그려도 되고 디지털 도구를 사용해도 됩니다.

우리가 발견한 문제	해결 방법

프로토타입	기대 효과

핀란드의 기념일 '실패의 날'

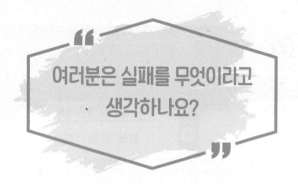

여러분은 실패를 무엇이라고 생각하나요?

핀란드에는 재미있는 기념일이 있습니다. 바로 '실패의 날'입니다. 2010년부터 매년 10월 13일이면 창업에 관심이 있는 학생, 교수, 기업인 등이 모여서 각자 실패 경험을 나누며 서로를 위로하고 격려합니다.

'실패의 날'을 만든 핀란드의 알토 대학교 창업 동아리 '알토이에스(Aaltoes)'는 미국과 같은 창업 정신을 핀란드에도 심자는 목표로 만들어졌습니다. 청년들은 창업에서 가장 큰 문제가 실패에 대한 두려움이라고 생각하고, 실패의 긍정적인 의미를 알리기 시작했습니다.

이렇게 해서 2010년에 처음으로 '실패의 날' 행사가 열렸습니다. 이 행사는 창업 과정에서 일어나는 실패를 받아들이고, 실패 경험을 공유해서 실패율을 낮추는 것이 목적이었습니다. 유명 기업의 회장이 자신의 실패 경험을 공개한 두 번째 '실패의 날' 행사 이후 세계적으로 화제가 되었습니다. 핀란드는 '실패의 날'을 통해 실패의 긍정적인 가치를 인식하게 되었고, 세계에서 가장 창업에 도전하는 나라로 변화했습니다.

여러분은 실패를 무엇이라고 생각하나요? 실패는 창업의 길에서 피할 수 없는 부분이며, 우리 인생에서도 늘 존재하는 요소입니다. 실패했다는 건 도전했다는 증거이고 그것 자체로 값진 것입니다. 중요한 점은 실패를 어떻게 받아들이고 그로부터 무엇을 얻느냐는 것입니다. 실패를 과정의 일부로 생각하고, 이를 통해 더 나은 방법을 찾는 태도가 필요합니다. 창업가정신은 실패를 두려워하지 않고 계속해서 도전하는 사람에게서 빛이 납니다.

실패(실수)가 성공으로 이어진 사례

- **페니실린:** 영국 세균학자 알렉산더 플레밍은 배양 실험 중 실수로 세균 배양액을 푸른곰팡이로 오염시켰는데, 이를 관찰하다 페니실린을 발견했다.
- **엑스레이:** 독일의 물리학자 빌헬름 뢴트겐이 음극선 실험 중에 불투명한 물체가 화면에 나타나는 현상을 관찰하면서 엑스레이를 발견하였다.
- **포스트잇:** 3M사의 과학자 스펜서 실버는 강력한 접착제를 개발하려다 오히려 쉽게 떨어지는 약한 접착제를 만들게 되었고, 이 발명은 몇 년 후 실험실 동료 아트 프라이에 의해 포스트잇으로 상용화되었다.

06 프로젝트 성찰하기

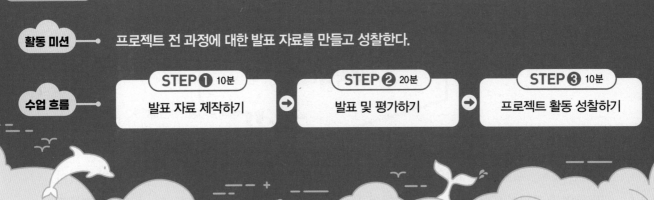

활동 미션 — 프로젝트 전 과정에 대한 발표 자료를 만들고 성찰한다.

수업 흐름 —
STEP ① 10분
발표 자료 제작하기
→
STEP ② 20분
발표 및 평가하기
→
STEP ③ 10분
프로젝트 활동 성찰하기

☁ 효과적인 발표 방법을 알아봅시다.

엘리베이터 피치(Elevator Pitch)는 짧은 시간 안에 아이디어를 소개하는 것을 말합니다.
엘리베이터를 타고 내리는 약 1분의 시간 동안 누군가를 설득해야 한다는 의미를 담고 있습니다.

> **엘리베이터 피치**
> 짧은 시간 동안 누군가를 설득하려면 내용이 간결하고 명확해야 합니다.
> 팀의 프로젝트 전 과정에 대한 엘리베이터 피치용 자료를 만들어 봅시다.

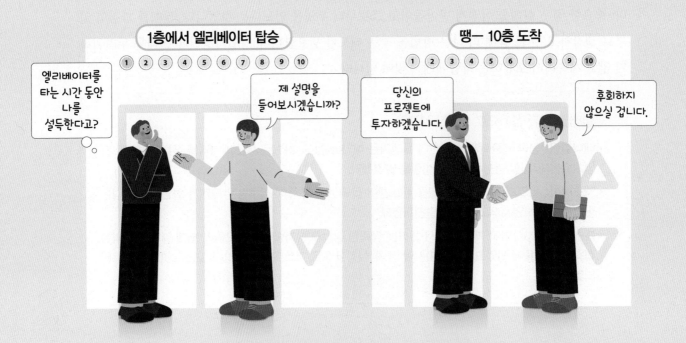

 **STEP 1** 제품 기획안에 대한 발표 자료를 만들어 봅시다.

10분

💬 팀원과 협력하여 우리 팀의 제품 기획안을 홍보할 발표 자료를 제작해 봅시다. 발표 자료를 만들 때는 엘리베이터 피치에 맞게, 다음에 제시된 요소를 포함하여 만들어 봅시다.

┌─────────── 발표 자료에 포함되어야 할 요소 ───────────┐
│   │
│ 발견한 사회 문제   제품 이름   핵심 기능   기대 효과 │
│   │
└──┘

┌─────────── 우리 팀의 아이디어 제품 기획안 발표 자료 ───────────┐
│   │
│   │
│   │
│   │
│   │
│   │
│   │
│   │
│   │
│   │
│   │
│   │
│   │
└──┘

 아이디어 제품 기획안을 발표해 봅시다. 20분

1 각 팀의 발표자가 아이디어 기획안을 발표합니다. 발표할 때는 다음의 규칙을 지키면서 발표합니다.

발표 규칙

정해진 발표 시간 지키기   바른 자세와 태도로 발표하기   질문에 성실하게 답변하기

2 각 팀의 발표를 들으며 주요 내용을 정리하고 공감도를 표시해 봅시다.

팀명	주요 내용	공감도
		☆☆☆☆☆
		☆☆☆☆☆
		☆☆☆☆☆
		☆☆☆☆☆
		☆☆☆☆☆
		☆☆☆☆☆

3 각 팀의 발표를 잘 듣고 평가 기준과 항목에 따라 평가표에 점수를 써 봅시다.

평가 기준	평가 항목	배점
창의성	문제의 발견 과정이 흥미롭고 이를 해결하는 방법이 적절한가?	4
차별성	문제 해결 방법이 독창적이며 경쟁 시 우위에 설 수 있는 차별화된 아이디어인가?	2
실현 가능성	아이디어/제품은 기술적으로 실현 가능한가?	2
성장 가능성	아이디어/제품은 미래 성장 가능성을 가지고 있는가?	2
합계		10

평가표

팀명							
평가 기준	창의성	점	점	점	점	점	점
	차별성	점	점	점	점	점	점
	실현 가능성	점	점	점	점	점	점
	성장 가능성	점	점	점	점	점	점
합계 점수		점	점	점	점	점	점

4 가장 공감도와 평가 점수를 많이 준 팀의 팀명과 그 이유를 적어 봅시다.

팀명
- -
공감도와 평가 점수를 많이 준 이유

아이디어를 실현시키는 방법

발명에서 창업까지! 대한민국 청소년 창업경진대회

대한민국 청소년 창업경진대회는 교육부와 17개 시 도교육청이 주최하고 한국청년기업가정신재단이 주관하며 2015년에 처음 개최되었습니다. 첫 개최 이래로, 청소년의 창업가정신 함양 및 우수 창업 동아리 발굴을 위해 마련된 청소년 축제의 장으로, 청소년들이 지역 사회 문제를 해결하기 위한 창의적이고 혁신적인 아이디어를 선보이는 기회로 자리매김했습니다.

이 대회는 창업가정신을 함양하여 청소년들이 미래 인재로 성장할 수 있는 기회를 제공합니다. 청소년들은 이 대회를 통해 자신들의 머릿속 아이디어를 현실로 구현하고, 상상력과 아이디어를 구체적으로 실현해 볼 수 있습니다. 더 나아가 창의적인 문제 해결 아이디어를 사업 영역으로 넓히는 기회를 얻을 수 있습니다.

창업가정신 프로젝트 과정에서 생각해 낸 여러분의 창의적인 아이디어를 더욱 발전시켜 대한민국 청소년 창업경진대회에 도전해 봅시다.

▲ 2024년 최종 결선 및 시상식 포스터

대한민국 청소년 창업경진대회 출신 주요 창업 사례	
동아리명(수상 연도)	**창업 아이템(회사)**
준브레일(2015)	온라인 크리에이터들이 광고 계약 시 발생하는 업무(광고주 소통, 계약서 작성, 기획안 피드백, 결제 정산, 세금 신고 등)를 대행해 주는 인공지능 서비스 '크리에이터리' 운영
쿠즈 인 디미고(2018)	시니어를 대상으로 디지털 기기 활용 교육을 제공하는 교재 기반 플랫폼 서비스 '똑디' 운영
그라시아(2022)	기존의 영어 텍스트 프로그래밍 언어가 아닌 한글 텍스트 프로그래밍 언어를 기반으로 한 코딩 교육을 진행하는 서비스 '호랑' 운영

출처: 교육부 공식 블로그(https://blog.naver.com/moeblog/223449887225)

이 아이디어 어때요? 크라우드 펀딩

크라우드 펀딩은 '군중' 또는 '다수'를 의미하는 영어 단어 '크라우드(Crowd)'와 '자금 조달'을 뜻하는 '펀딩(Funding)'을 합친 말입니다. 이 방식은 특정 문제 해결을 위한 창작 프로젝트를 온라인 플랫폼에 공개하고 대중에게 투자를 받아 진행하는 행위를 가리킵니다.

와디즈와 텀블벅 같은 사이트들은 크라우드 펀딩을 전문적으로 운영하고 있습니다. 창작자는 구상한 프로젝트를 소개하는 프로젝트 페이지를 작성하여 창작물 제작에 필요한 예산을 모금하고, 펀딩에 성공하면 약속한 프로젝트를 진행하고 후원자에게 선물을 전달합니다. 후원자는 취지에 공감하는 프로젝트에 후원하고, 펀딩이 성공하면 창작자가 약속한 선물을 받아봅니다. 아이디어를 당장 창업으로 실현하기 어려운 사람은 크라우드 펀딩을 통해 소비자에게 접근해 보는 것도 좋은 방법이 될 수 있습니다.

기후 변화의 경각심을 주기 위해 고등학생이 제작하여 펀딩한 키링

[키링] 우리에게 남은 시간은? <KYRG0938>

모인금액
547,974 원 109%

남은시간
0 초

후원자
46 명

펀딩 기간 2022.05.25 - 2022.06.15
선물 발송 ⓘ

펀딩성공   제작중   발송시작   발송완료

펀딩 마감

오존층 파괴에 대한 문제를 중심으로 기후 위기에 대한 경각심과 심각성을 알려주는 키링을 만들기 위한 프로젝트다. 키링 안에는 '현재 기후위기 시계의 시각: 09시 38분', '몬트리올의 좌표', '1.5도까지 남은 시간'이 디자인되어 있다.

출처: 텀블벅(https://tumblbug.com)

 **STEP ③** 프로젝트를 통한 나의 성장을 확인해 봅시다.

1 성취 기준에 따라 성취도 점수를 스스로 써 보면서 창업가정신 프로젝트 활동을 통한 나의 성장을 확인해 봅시다.

5점 매우 잘함. 4점 잘함. 3점 보통임. 2점 노력 요함. 1점 매우 노력 요함.

성취 기준	나의 성취도 점수				
	1	2	3	4	5
1. 나에 대해 알고 나의 강점을 찾을 수 있었다.					
2. 나는 활동하는 동안 팀원과 협력하고 의견을 존중하였다.					
3. 나는 활동에 적극적으로 참여하고 맡은 역할에 최선을 다했다.					
4. 나의 창업가정신이 향상되었다.					
5. 나의 진로를 디자인하는 계기가 되었다.					

2 창업가정신 프로젝트 활동 과정에서 새로 알게 된 점과 느낀 점 등 소감을 적어 봅시다.

새로 알게 된 점

느낀 점

 창업가정신 프로젝트를 마치셨군요! 프로젝트를 통해 여러분은 새로운 아이디어를 발굴하고, 이를 구체화하여 실제로 구현해보는 경험을 쌓았습니다. 이러한 경험은 여러분이 미래에 어떤 일을 하든, 자신의 잠재력을 최대한 발휘하여 성공적으로 해내는 데 큰 도움이 될 것입니다. 여러분의 노력과 열정에 박수를 보냅니다. 앞으로도 여러분의 꿈을 향해 끊임없이 도전하고 성장해 나가길 바랍니다.

수료증

- 이 름:
- 학교명:
- 과정명: 창업가정신(입문편)

위 사람은 창업가정신 프로젝트를

성실히 이수하였으므로

본 수료증을 수여합니다.

_____ 년 ___ 월 ___ 일

부록

창업가정신 핵심 역량 진단 검사

나의 창업가정신 핵심 역량을 안다는 것은 내가 창업가로서 업무를 수행할 때 필요한 태도와 지식, 기술을 얼마나 갖추고 있는가를 안다는 뜻입니다. 진단 검사 점수가 높거나 혹은 낮다고 해서 여러분의 성공 가능성이 높거나 낮다는 의미는 아닙니다. 진단 결과는 성적이 아니며 여러분의 노력과 경험에 따라 계속 변화할 수 있습니다. 따라서 창업과 관련된 다양한 활동을 통해 자신의 핵심 역량을 발전시켜 나가는 것이 중요합니다. 창업가정신 프로젝트 활동 후 달라진 나의 역량을 확인해 보세요!

창업가정신 핵심 역량

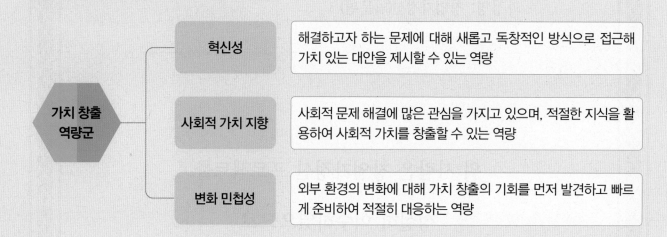

가치 창출 역량군		
혁신성	해결하고자 하는 문제에 대해 새롭고 독창적인 방식으로 접근해 가치 있는 대안을 제시할 수 있는 역량	
사회적 가치 지향	사회적 문제 해결에 많은 관심을 가지고 있으며, 적절한 지식을 활용하여 사회적 가치를 창출할 수 있는 역량	
변화 민첩성	외부 환경의 변화에 대해 가치 창출의 기회를 먼저 발견하고 빠르게 준비하여 적절히 대응하는 역량	

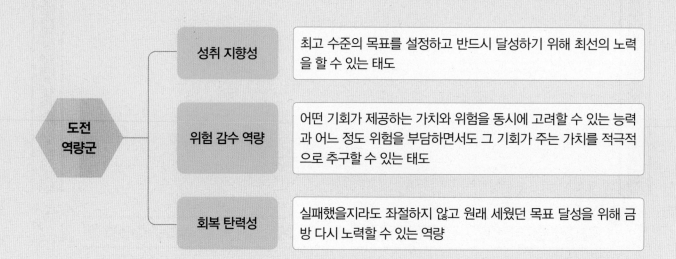

도전 역량군		
성취 지향성	최고 수준의 목표를 설정하고 반드시 달성하기 위해 최선의 노력을 할 수 있는 태도	
위험 감수 역량	어떤 기회가 제공하는 가치와 위험을 동시에 고려할 수 있는 능력과 어느 정도 위험을 부담하면서도 그 기회가 주는 가치를 적극적으로 추구할 수 있는 태도	
회복 탄력성	실패했을지라도 좌절하지 않고 원래 세웠던 목표 달성을 위해 금방 다시 노력할 수 있는 역량	

이 책에는 YEEP에서 온라인으로 하는 정식 검사와 간이 검사지가 소개되어 있습니다.
프로젝트 활동 전/후 진단 검사를 진행하여 결과를 확인하고 기록해 봅시다.

① 온라인 검사로 진단하기
　YEEP(온라인 창업체험교육 플랫폼)에서 검사하기

② 지면 검사로 진단하기
　54~55쪽의 간이 검사지로 검사하기

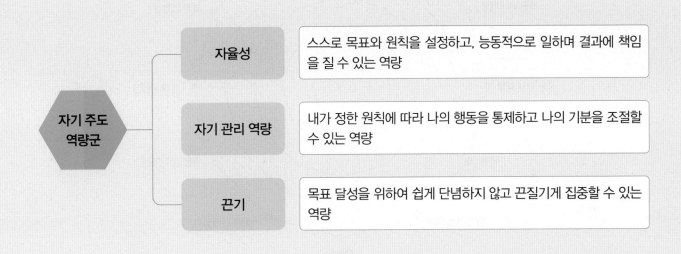

자기 주도 역량군	자율성	스스로 목표와 원칙을 설정하고, 능동적으로 일하며 결과에 책임을 질 수 있는 역량
	자기 관리 역량	내가 정한 원칙에 따라 나의 행동을 통제하고 나의 기분을 조절할 수 있는 역량
	끈기	목표 달성을 위하여 쉽게 단념하지 않고 끈질기게 집중할 수 있는 역량

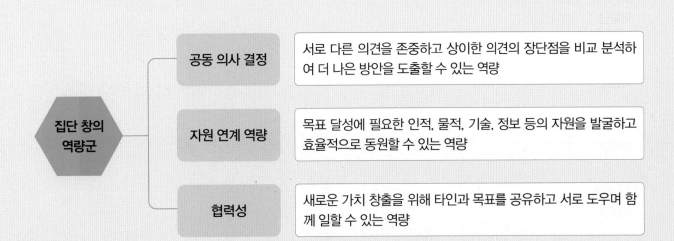

집단 창의 역량군	공동 의사 결정	서로 다른 의견을 존중하고 상이한 의견의 장단점을 비교 분석하여 더 나은 방안을 도출할 수 있는 역량
	자원 연계 역량	목표 달성에 필요한 인적, 물적, 기술, 정보 등의 자원을 발굴하고 효율적으로 동원할 수 있는 역량
	협력성	새로운 가치 창출을 위해 타인과 목표를 공유하고 서로 도우며 함께 일할 수 있는 역량

① 온라인 검사로 진단하기

 검사 방법: YEEP → 핵심 역량 진단 → 핵심 역량 진단 소개 → 비회원 진단 도구
예상 소요 시간: 15~20분　총 문항 수: 48문항

바로 가기

나의 창업가정신 핵심 역량 진단 결과

💬 창업가정신 핵심 역량별 결과(백분위)를 기록해 봅시다.

！ 프로젝트 활동 수행 전과 후의 검사 결과를 다른 색으로 기록하세요.

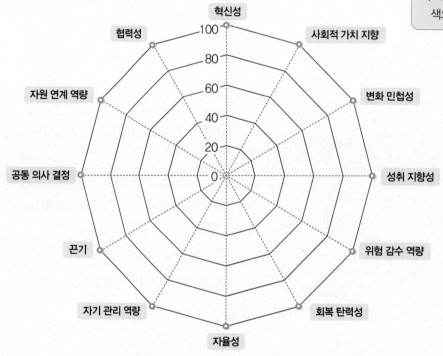

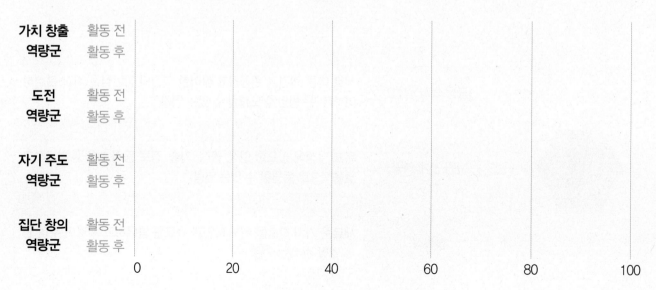

		0	20	40	60	80	100
가치 창출 역량군	활동 전						
	활동 후						
도전 역량군	활동 전						
	활동 후						
자기 주도 역량군	활동 전						
	활동 후						
집단 창의 역량군	활동 전						
	활동 후						

💬 종합 평가 내용 중에서 공감이 가는 내용을 요약하여 적어 봅시다.

활동 전	활동 후

💬 나에게 가장 높은 핵심 역량이 잘 발휘된 경험을 적어 봅시다.

활동 전	활동 후

💬 추천 창업가에 대해 정리해 봅시다.

활동 전	활동 후
• 이름: • 설립 회사: • 명언:	• 이름: • 설립 회사: • 명언:

💬 나의 꿈을 이루는 데 특히 필요한 핵심 역량과 노력할 점을 생각해 봅시다.

활동 전	활동 후

② 지면 검사로 진단하기

✏️ 검사 방법: 간이 검사지의 문항에 답하고 점수 계산하기
📱 예상 소요 시간: 15~20분　✅ 총 문항 수: 48문항

💬 문항을 읽고 나와 가장 가까운 점수를 적고, 합계 점수와 순위를 계산해 봅시다.

1점 전혀 그렇지 않다.　2점 그렇지 않다.　3점 보통이다.　4점 그렇다.　5점 매우 그렇다

핵심 역량군	핵심 역량	문항	활동 전			활동 후		
			점수	합계	순위	점수	합계	순위
가치 창출 역량군	혁신성	1. 나는 남들이 생각하지 못한 독창적인 아이디어를 낼 수 있다.						
		2. 나는 현재 성공적이고 익숙한 방법을 알고 있지만, 새로운 방법을 찾을 수 있다.						
		3. 나는 반복적인 일보다 변화가 많은 일을 더 좋아한다.						
		4. 나는 평범한 것보다 색다른 것을 선택한다.						
	사회적 가치 지향	5. 나는 전세계적으로 기아나 빈곤에 시달리는 사람들을 돕는 것을 좋아한다.						
		6. 나는 환경 보전을 위해 도움이 되는 아이디어를 낼 수 있다.						
		7. 나는 어려운 사람들을 돕는 기업인과 사회적으로 의미 있는 일을 하는 창업가들을 존경한다.						
		8. 나는 어렵고 힘든 사람들에게 도움이 되는 지식과 기술을 배우고 싶다.						
	변화 민첩성	9. 나는 무엇이 변했는지 빨리 인식하는 편이다.						
		10. 나는 처음 접하는 물건이나 기술의 문제를 쉽게 찾아내는 편이다.						
		11. 나는 불편을 줄일 수 있는 아이디어를 내는 것을 좋아한다.						
		12. 나는 좋은 아이디어라고 판단되면 빠르게 실행에 옮긴다.						
도전 역량군	성취 지향성	13. 나는 더 잘하기 위해 목표를 높이 세운다.						
		14. 나는 일을 할 때 다른 사람의 평가에 따르기보다 스스로 만족할 때까지 최선을 다하는 편이다.						
		15. 나는 목표를 이루기 위해 단계적으로 계획을 세우고 이루어 나간다.						
		16. 나는 어렵더라도 좋은 성과를 낼 수 있는 일에 도전하고 최선을 다한다.						
	위험 감수 역량	17. 나는 여러 가지 방법 중에 필요한 비용과 효과를 비교하여 최선책을 찾을 수 있다.						
		18. 나는 어려움이 닥치더라도 긍정적인 결과를 기대하며 도전한다.						
		19. 나는 문제에 대한 해결책을 시도했을 때 나타날 수 있는 긍정적인 결과와 부정적인 결과도 같이 예측하고 대비한다.						
		20. 나는 어떤 일을 할 때, 실패할 위험성을 예상하고 대비하는 계획을 세운다.						
	회복 탄력성	21. 나는 어떤 일을 할 때 몇 번 실패해도 다시 시작한다.						
		22. 나는 실패했을 경우 왜 실패했는지 원인을 찾으려 노력한다.						
		23. 나는 실패해도 남의 탓을 하지 않고 내가 고칠 것을 찾는다.						
		24. 나는 실패했을 경우 다른 방법을 찾는다.						

💬 **검사 후 가장 점수(순위)가 높은 핵심 역량군과 핵심 역량을 적어 봅시다.**

구분	핵심 역량군(상위 1개)	핵심 역량(상위 3개)		
활동 전		1.	2.	3.
활동 후		1.	2.	3.

핵심 역량군	핵심 역량	문항	활동 전			활동 후		
			점수	합계	순위	점수	합계	순위
자기 주도 역량군	자율성	25. 나는 내가 스스로 세운 나만의 인생 목표를 가지고 있다.						
		26. 나는 내가 맡은 일을 끝까지 스스로 해결하려는 편이다.						
		27. 나는 주위에서 주관이 뚜렷하다는 말을 자주 듣는다.						
		28. 나는 책임감이 강한 편이다.						
	자기 관리 역량	29. 나는 내가 세운 규칙을 잘 지킨다.						
		30. 나는 귀찮더라도 미루지 않고 일을 하는 편이다.						
		31. 나는 맡은 일은 신중하게 처리한다.						
		32. 나는 화가 날 때 한 번 더 생각하고 말한다.						
	끈기	33. 나는 일단 일을 시작하면 그 일에 집중할 수 있다.						
		34. 나는 목표를 이루기 위해 끈기 있게 노력하는 편이다.						
		35. 나는 한 가지 일에 몰두하여 다른 일은 한동안 잊은 적이 있다.						
		36. 나는 한번 시작한 일은 어려워도 금방 포기하지 않는다.						
집단 창의 역량군	공동 의사 결정	37. 나는 친구들 간의 의견 차이를 조정할 수 있다.						
		38. 나는 다른 사람들의 의견을 귀 기울여 듣는다.						
		39. 나는 다른 사람과 의논할 때 최선의 결론이 나오게 만들 수 있다.						
		40. 나는 다른 사람들의 의견의 장단점을 비교할 수 있다.						
	자원 연계	41. 나는 일을 할 때 필요한 것들을 알고 있다.						
		42. 나는 내가 필요한 게 있으면 주위에 적극적으로 도움을 요청한다.						
		43. 나는 내가 필요한 정보가 있으면 꼭 찾아낸다.						
		44. 나는 내가 도움을 요청하면 나를 도와줄 사람이 많다.						
	협력성	45. 나는 동아리나 모임에서 역할을 나눠주는 일을 잘한다.						
		46. 나는 주위 사람이 힘들어 하면 잘 위로하고 격려한다.						
		47. 나는 주위 사람들과 함께 이루어야 할 목표에 대해 이야기하는 것을 좋아한다.						
		48. 나는 일을 혼자하기보다 여럿이서 하는 것을 더 좋아한다.						

출처: 교육부·한국청년기업가정신재단, 《청소년 창업가정신 핵심 역량 진단 도구 활용 매뉴얼》, 2020.

집필진

문미경 선생님
장안고등학교 진로전담교사
경기도 중등진로교육연구회 회장
한국진로교육학회 이사
2015, 2022 개정 교육과정 《진로와 직업》(씨마스) 집필
《꿈틀꿈틀 기업가정신》(씨마스, 2020.) 집필

남수현 선생님
연무중학교 진로전담교사
경기도 중등진로교육연구회 연구위원
부산 진로진학지원센터 창업교육 역량강화 교사 연수 강사

오일환 선생님
삼괴고등학교 진로전담교사
경기도진로진학상담교사협의회 부회장
유네스코 국제포럼 TF 운영 위원 및 간사
전국 청소년 비즈쿨 교사협의회 부회장 역임
《세상을 바꾸는 기업가정신 개정판》(중소벤처기업부·창업진흥원, 2022.) 집필

창업가정신 워크북
입문편

초판발행 2025년 3월 1일

지 은 이 문미경, 남수현, 오일환
펴 낸 이 이미래
펴 낸 곳 씨마스
주　　소 서울특별시 강서구 강서로33가길 78 씨마스빌딩
등록번호 제301호-2011-214호
내용문의 02)2274-1590~2 | 팩스 02)2278-6702

편　　집 강민아, 박영지
디 자 인 표지: 이미라, 내지: 곽상엽

홈페이지 www.cmass.kr | **이메일** cmass@cmass21.co.kr
이 책에 대한 의견이나 잘못된 내용에 대한 수정 정보는 씨마스 홈페이지나 이메일로 알려 주시기 바랍니다.
잘못된 책은 구매처 또는 본사에서 교환해 드립니다.